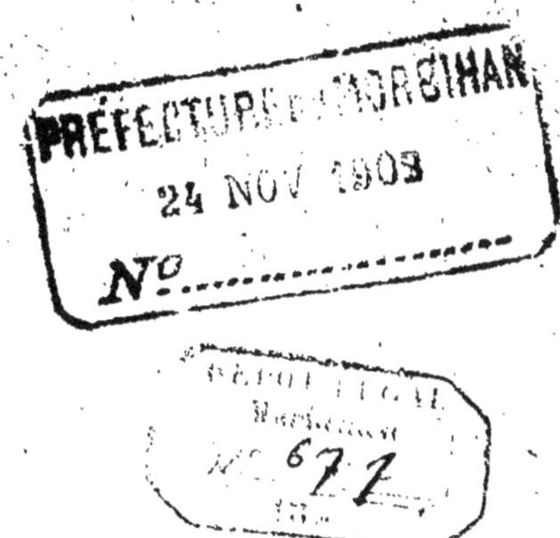
24 NOV 1903
N°
671

LE

SIÈGE DE JOSSELIN

JUILLET 1795

ÉPISODE DE L'HISTOIRE DE L'ARMÉE ROUGE

D'APRÈS DES DOCUMENTS INÉDITS

PAR

J. LE FALHER

(Extrait de la *Revue Morbihannaise*)

VANNES
LIBRAIRIE LAFOLYE FRÈRES

1909

LE SIÈGE DE JOSSELIN

JUILLET 1795

*Episode de l'histoire de l'***Armée rouge**
d'après des documents inédits.

Le siège de Josselin par l'*Armée rouge* est un fait qui de lui-même ne revêt aucune importance particulière : il n'en a que par ses détails et pour les érudits. Mais si on le considère comme le premier échec de cette malheureuse expédition de Tinténiac qui reste enveloppée de tant d'ombres, et comme la dernière avanie de ce pauvre chevalier qui s'achèvera si malencontreusement quarante-huit heures plus tard, à Coëtlogon ; si on rapproche l'insuccès des chouans qui l'entreprirent de la défaite qu'à cette heure même les Emigrés essuyaient à Quiberon, — le siège de Josselin apparaîtra alors comme une de ces fatalités, auxquelles le parti royaliste fut si souvent en proie durant nos guerres civiles, et on devinera à sa suite la débâcle irréductable et finale.

Il rappelle donc Tinténiac, il sonne le glas de Quiberon : son intérêt est là tout entier.

L'*Armée rouge*, cette poignée de chouans revêtus d'uniformes rouges pour figurer des soldats anglais et agir ainsi sur les imaginations bretonnes (1), quelle lamentable épopée ! Il n'y a qu'hésitation dans ses marches et contre marches, malchance dans ses combats, même quand ils sont victorieux ; on dirait des hommes qui ne savent pas ce qu'ils osent, qui

(1) Cf. Georges Cadoudal (par Georges Cadoudal, son neveu), p. 97.

vont où ils ignorent, de Sarzeau à Châtelaudren, en semant leurs chefs sur les routes, pour revenir traqués, mourant de faim, anéantis, dans une retraite peut-être habile mais en tous cas sans résultat. Malgré soi, on ne peut s'empêcher de comparer la marche des Bretons sur Saint-Brieuc avec celle des Vendéens sur Granville : mêmes lenteurs, mêmes incertitudes, et, en tenant compte des justes proportions, mêmes succès et mêmes revers ; les Bretons eurent l'écrasement en moins, les Vendéens la gloire en plus : la désertion, l'indiscipline, la trahison firent fondre l'*Armée rouge*, comme la neige fond au soleil.

*
* *

Le 11 juillet 1795, 3 500 hommes environ venant de Porthaliguen débarquèrent sur la côte orientale de la presqu'île de Rhuys, à Saint-Jacques et Sucinio ; ils étaient tous chouans, sauf une compagnie de Loyal-Emigrant (1), destinée à les encadrer plus tard, ils étaient tous vêtus de l'uniforme rouge de l'infanterie anglaise. Voilà l'*Armée rouge*.

Un jeune homme la commandait qui n'avait pas trente-et-un ans, le chevalier de Tinténiac ; nom inséparable de celui de Beaumanoir, nom de bon augure. C'était un officier sorti de la marine à la suite d'une affaire galante, et qui depuis les débuts de la Révolution essayait, à force de dévouement à la cause royale, par son abnégation et son audace, d'expier, comme il le disait, les erreurs de sa jeunesse, ardent jusqu'à la témérité, fidèle jusqu'à la passion, cœur d'or et volonté d'acier. Pas un émigré ne jouissait plus que lui de l'estime publique, et il n'y avait aucun gentilhomme qui parût plus apte à commander des insurgés bretons.

D'ailleurs, on avait eu soin de ne lui confier qu'une élite, prise dans les divisions d'Auray, d'Hennebont et de Baud ; on lui laissait leurs divisionnaires, Cadoudal, d'Allègre, Mercier-la-Vendée ; et ce n'est qu'avec ces hommes, très chers aux paysans morbihannais, qu'il s'adjoignit une dizaine d'of-

(1) Commandée par M. Boquet auquel Puisaye donna le grade de capitaine. — Cf. GEORGES CADOUDAL, p. 98.

ficiers débarqués nouvellement d'Angleterre : MM. de Pontbellanger, de Busnel, de Guernissac, de la Houssaye, etc.

Les débuts furent heureux.

Aucune résistance sérieuse ne s'opposa à Tinténiac dans la presqu'île de Rhuys ; l'administration départementale ignore même son débarquement deux jours après qu'il s'est effectué, ou plutôt, ce qui est bien plus grave encore, elle s'imagine que les émigrés jetés à Saint-Jacques par les chasse-marées de Porthaliguen ont été obligés de reprendre le chemin de la mer. « La petite garnison de Sarzeau, écrit-elle le 13 juillet, se replia en bon ordre sur Port-Navalo ; mais des troupes parties de Vannes changèrent la face des événements ; et les Chouans, à part quelques-uns qui ont pénétré dans les terres, furent contraints de se rembarquer (1) ».

Décidément dans ce brouhaha qui précède Quiberon, l'administration perd la tête, et ses informations ne sont pas sûres. Le soir du 11 juillet, l'Armée rouge, après avoir tourné Vannes à l'est, campait tranquillement à une dizaine de lieues au nord de Sarzeau dans les fourrés impénétrables qui entourent le vieux et célèbre château de Callac (2). Son succès était donc complet, rapide, et presque sans effusion de sang, puisqu'il ne fut tué que deux patriotes dans Sarzeau.

Il est vrai que je ne crois pas à la bataille dont M. Bittard des Portes, dans son ouvrage *les Emigrés de la Cocarde noire*, raconte les péripéties : Grouchy franchissant la Vilaine et se portant sur Quiberon, Tinténiac se heurtant à lui dans la soirée du 12, passant sur lui dans la matinée du 13 et filant sur Elven... Pas un document ne relève pareille chose et Rohu qui se trouvait de la fête n'en parla pas dans ses *Mémoires*, ce qui suffit pour affirmer que M. des Portes se trompe, car si Rohu le traître (3), quémandeur d'honneurs et de gros sous, eût tiré un seul coup de fusil contre Grouchy, il n'eût pas manqué de s'en faire gloire.

(1) *Archives. départ.*, L. 1459.

(2) *Mémoires* de Rohu.

(3) Rohu, gagné par le préfet de Vannes, le général Jullien, trahit son parti et servit comme espion le gouvernement bonapartiste. Ceci aujourd'hui est indéniable.

L'Armée rouge passa à Callac la nuit du 11 au 12 juillet, la journée du 12 tout entière, et ne se remit en marche que dans la nuit du 12 au 13. Elle revint alors sur ses pas d'une dizaine de kilomètres dans la direction du sud, surprit au point du jour la garnison d'Elven dispersée dans les maisons du bourg (1), lui tua une cinquantaine d'hommes (2), puis se jetant dans l'ouest, traversa le bourg de Plaudren et ne s'arrêta que dans les landes de Lanvaux entre Colpo et Locqueltas, à l'ombre d'une petite chapelle qui devait en 1800 devenir plus célèbre dans les Annales de la Chouannerie, l'Hermitage.

Deux jours se passèrent là à ne rien faire, les 14 et 15 juillet.

A quoi pense donc le commandant de l'Armée rouge? Ici se pose la question de la mission de Tinténiac. Où allait-il et que voulait-il?

Puisaye a prétendu plus tard, au volume VIe de ses *Mémoires*, que, sur ses ordres, Tinténiac devait se trouver à Baud le 14 juillet, y faire sa jonction avec Lantivy-Kervéno debarqué de Quiberon à Pont-Aven avec une seconde armée, et que tous les deux avaient mandat de se rabattre sur Quiberon pour attaquer Hoche sur ses derrières le 16.

Ce plan est fort beau sans doute, mais Puisaye l'a-t-il réellement tracé? il est au moins permis de se tenir en défiance; car enfin, le 16 juillet, Lantivy n'est point encore sorti du Finistère, ce qui prouve son peu de hâte; et Tinténiac, le dévouement personnifié, comme tout le monde le reconnaît, demeure l'arme aux pieds à l'Hermitage. Est-ce que plutôt Puisaye ne se justifie pas de son revers de Quiberon, en accusant ses subordonnés de désobéissance, et en passant par là même la responsabilité de ses fautes à M. de Lantivy, à l'Armée rouge, à Georges Cadoudal et à tout le Conseil central du Morbihan qui le condamna à mort comme un traître! Puisaye est un personnage louche; ses affirmations même sont suspectes.

D'ailleurs, ce qui infirme absolument les dires de Puisaye c'est que Georges Cadoudal, qui fut toujours la loyauté même,

(1) *Mémoires* de Rohu.
(2) Duchâtellier.

raconte tout autrement l'expédition de Tinténiac. Il affirme, et l'abbé Guillevic le répète dans ses *Mémoires*, que deux expéditions sortirent en même temps de Quiberon : celle des bouches inutiles que Lantivy débarqua à Pont-Aven et qui se dispersa ; celle de Tinténiac, chargée de se porter vivement dans les Côtes-du-Nord, d'y protéger un convoi de munitions que les Anglais devaient jeter dans la baie de Saint Brieuc, et de se précipiter avec les renforts ramassés en chemin sur les colonnes de Hoche surprises.

Georges ne ment pas, il faut donc le croire ; si l'on considère surtout que, Tinténiac disparu, Pontbellanger son successeur continua ses opérations : ce qu'il n'aurait pas fait si Puisaye avait donné les ordres qu'il prétend. Ajouter foi à Georges, c'est n'avoir devant soi qu'un imposteur, Puisaye. Croire à Puisaye, c'est croire à l'infamie de Lantivy, de Tinténiac, de Pontbellanger, de Georges ; en vérité, il y en a trop. Cependant, même en admettant le récit de Georges, il reste à expliquer pourquoi Tinténiac a perdu tant de journées précieuses, alors qu'il aurait dû voler vers le nord avec la rapidité de l'éclair.

Oui, c'est vrai, Tinténiac aurait dû précipiter sa marche, et cela lui était facile, à moins toutefois que les paysans irrités, comme Georges lui-même, de tout ce qu'ils avaient vu et entendu à Quiberon, n'eussent la discipline malaisée, à moins qu'ils ne refusâssent, et ils le firent à Callac, de se soumettre aux officiers de Loyal-Emigrant, qu'on voulait leur imposer (1) ; à moins encore que l'abbé de Boutouillic, du Conseil du Morbihan, et M. de Margadel, qui s'abouchèrent avec Tinténiac, ne lui eussent appris que les Anglais qui devaient venir à Saint-Brieuc ne se pressaient guère et qu'ils ne viendraient peut-être pas. Dans ces conditions tout s'explique, et il devient trop facile de comprendre à quelle situation pénible et fausse se trouvait réduit le jeune chef de l'Armée rouge contraint par son mandat de marcher au nord et retenu par le soupçon d'un manque de parole du roi Georges. Quelle triste fin il put deviner à son aventureuse expédition ! Tinténiac apparaît alors non plus comme un indécis et un rebelle,

(1) *Mémoires* de Rohu.

mais comme la triste victime des hommes et des événements !

Quoi qu'il en soit, il apprit de la Vieuville, selon d'Allègre (1), qu'il trouverait des nouvelles fraîches au château de Coëtlogon ; et le 16 juillet dès l'aube prit la direction de Josselin.

*
* *

Josselin en 1795 n'était guère plus fortifiée qu'elle ne l'est présentement, sauf que ses portes tenaient encore debout, et que ses murs d'enceinte vieux et branlants étaient continus. Au reste sa position sur une colline abrupte, son château, véritable citadelle perchée sur des rochers élevés, paraissait la mettre à l'abri d'un coup de main. Il est vrai que sa garnison était peu nombreuse ; 136 hommes du 3e bataillon de la 12e demi-brigade, capitaine Grou (2), et 100 hommes environ du 2e bataillon de la 17e demi-brigade (3), ce qui avec la garde nationale et les patriotes valides pouvait bien donner un effectif de 300 à 400 hommes. C'est peu évidemment, mais derrière des murs c'est encore beaucoup, et l'Armée rouge n'avait que deux chances de réussite, surprendre ou bombarder. Or à Josselin elle manœuvra de jour, et elle n'avait pas une seule pièce de canon.

Vers onze heures du matin, le 16 juillet, un charretier vint annoncer aux autorités du District de Josselin qu'il avait aperçu dans la commune de Saint-Servan une troupe d'insurgés, 100 ou 150 hommes, tous habillés de rouge. A cette heure-là ou à peu près, un détachement de grenadiers qui avaient envoyé des vivres à Ploërmel faisait aussi la rencontre d'une semblable colonne aux environs de Mi-Voie et se hâtait de rentrer en cette ville pour y porter l'annonce que Josselin était attaquée. Ainsi les Chouans connaissaient la topographie des lieux ; ils ne commettaient pas l'imprudence de risquer une attaque de front par le midi avec, devant eux, le château et la rivière ; non, mais tournant Josselin ils franchissaient l'Oût au sud-est sur le pont de Saint-Gobrien, de manière à

(1) *Papiers inédits de l'abbé Guillevic.*
(2) *Arch. départ.*, L. 259.
(3) *Ibidem*, L. 539.

se présenter, à l'est et au nord, aux deux portes de Saint-Nicolas et de Saint-Martin, qui étaient d'emblée les deux points les plus vulnérables de l'enceinte.

Immédiatement, dit le rapport du District du Département (1), nous envoyâmes un détachement de 60 grenadiers à la découverte. Rendu aux environs de St-Jean-des-Prés, ce détachement vit en ordre de bataille un nombre considérable de ces rouges Aussitôt qu'ils furent en présence, les ennemis firent une manœuvre pour envelopper notre détachement sur lequel ils dirigèrent un feu de file très nourri. Cette manœuvre força nos gens à battre en retraite. A cette fusillade, un autre détachement de notre garnison fit une sortie pour soutenir le premier et favoriser sa rentrée. Bientôt l'un et l'autre furent obligés de se replier sur la ville. A peine ces détachements étaient-ils rentrés que l'ennemi parut aux portes. La troupe, les autorités constituées, la garde nationale s'étaient placées aux portes. L'attaque commença à une heure et demie de l'après-midi par la porte Saint-Nicolas. Les Chouans s'étaient emparés du corps de garde près le petit pont du dit Saint-Nicolas. De là des tirailleurs très adroits, pour protéger l'entrée d'une partie des leurs par le chemin de la Carrière, firent un feu très vif sur nos gens qui défendaient cette porte. Le combat ne se ralentit pas d'une seule minute pendant toute l'action qui dura jusqu'à six heures et demie. Les ennemis qui défilaient de toutes parts cernèrent la ville et s'emparèrent des faubourgs Saint-Nicolas et Saint-Martin. A ce dernier faubourg ils brûlèrent le magasin des vivres établi à la maison du ci-devant Prieuré de Saint-Martin, le bâtiment neuf des Ursulines où demeurait le maire, un autre bâtiment servant de grange aux ci-devant Ursulines et sur le même alignement que le bâtiment neuf, et la maison de la citoyenne Michelot près la Promenade et la Porte Saint-Martin. Au faubourg Saint-Nicolas ils incendièrent aussi deux maisons près le pont. Ils ont pillé un peu partout dans les faubourgs, mais chez les citoyens bons patriotes Fourmal, Pierre Moisan, Le Mouel, Lack et Raoul Thomas ils ont tout enlevé ou brisé. Les Chouans s'emparèrent de la maison de la citoyenne Chantrel et firent un feu très violent sur nos gens qui défendaient la porte Saint-Martin. Ils étaient rangés en bataille sur la Promenade et fusillaient sans

(1) Lettre du District de Josselin au Département, 1, Thermidor, III. *Arch. départ.*, L. 1153.

cesse nos postes qui s'étaient réfugiés dans la maison Lesquen. Pendant cinq heures que dura le combat nous avons à regretter six hommes tués dont un de la garde nationale, nommé Jean-Baptiste Josse, père de cinq enfants, et quinze hommes, mis hors de combat, et quelques autres blessés légèrement qui continuèrent le feu. Les Chouans ont laissé sur la place huit morts, sans compter ceux qui ont été tués par nos détachements et un grand nombre de blessés qu'ils ont enlevés. Un détachement de grenadiers qui avait été le matin convoyer des vivres à Ploërmel rencontra une colonne ennemie dans la lande de Mi-Voie. Il se replia sur Ploërmel et annonça l'attaque de notre ville L'administration fit sortir une partie de ses forces, composée d'environ 300 hommes et quelques cavaliers qui protégea la rentrée de nos grenadiers. C'est probablement cette colonne et un détachement de Loudéac que les vedettes de l'ennemi aperçurent qui ont été cause de sa retraite et de la fin du combat.

Un volontaire du Jura, fait prisonnier par les Chouans près Sarzeau, s'échappa d'avec eux à la fin de l'affaire et nous dit qu'ils se disaient au nombre d'environ huit mille.

Pendant le plus fort de l'action le chef de ces scélérats, se qualifiant de chevalier de Tinténiac, maréchal des camps et armées du Roi Louis XVIII, fit sommer la garnison de se rendre sous un quart d'heure, sans quoi on eût employé la plus grande rigueur. La réponse à cette audace fut : vive la République, vaincre ou mourir ; et le feu redoubla.

En se retirant les Chouans disaient qu'ils seraient revenus nous attaquer au nombre de dix mille et du canon. Le courage ne nous manque pas.

Tel est le récit de l'attaque du 16 juillet que l'administration du District de Josselin écrivit au Département.

Il s'en faut de beaucoup qu'elle ait tout dit, et il est remarquable qu'elle glisse avec une légèreté extraordinaire sur la dernière partie de l'engagement qui, en réalité, fut la plus importante, puisque, sans l'arrivée des troupes de Ploërmel et de Loudéac, la ville eût été certainement prise. Heureusement nous pouvons, à l'aide de documents de premières mains, suppléer à son silence.

Tout d'abord Rohu, dans ses *Mémoires*, raconte que la garnison s'était retirée dans la tour du château (la Prison, sans doute), d'où elle faisait pleuvoir une grêle de balles sur un pont, qui ne peut être que celui de Saint-Nicolas. Il le traversa l'arme au bras, dans un encombrement impossible d'hommes et de débris de toutes sortes, laissés par les fuyards qui l'avaient précédé sans réussir à forcer le passage. Plus heureux il y arriva, lui, et pénétra jusqu'au milieu de la ville sur une place, où d'une maison qui était la gendarmerie il reçut une décharge qui lui tua deux hommes et en blessa cinq. Cette maison fut brûlée Bientôt Rohu dut battre en retraite par le chemin qui l'avait amené, celui de Ploërmel, et quelque temps après toute l'Armée rouge sortait en désordre de la ville et se réunissait pêle-mêle dans une plaine, qui ne peut être que celle située au nord et traversée par la route de Mohon-la Trinité.

Ces détails très intéressants de Rohu nous aident à comprendre une partie des événements que l'administration a oubliés, dans son rapport. En premier lieu ils établissent que l'Armée rouge s'était bel et bien emparée de la ville, moins le château ; en second lieu ils montrent les envahisseurs arrêtés tout-à-coup dans leur mouvement victorieux et s'échappant en désordre de la ville conquise, Rohu par la Porte Saint-Nicolas, le reste par la Porte Saint-Martin. Que se passait-il donc ?

Il se passait ceci, que par l'est et par l'ouest en même temps les secours arrivaient, et que le bruit de la fusillade faisait redouter aux Chouans d'être pris entre deux feus.

Voilà pourquoi Rohu se portait vivement sur la route de Ploërmel, se jetait derrière les fossés qui la bordent, tiraillait contre les cavaliers et le détachement du 3e bataillon d'Ille-et Vilaine (1) accourus de cette ville, et les forçait à reculer. C'est à ce moment que Georges Cadoudal paraît ; (on ne le voit pas ailleurs dans la journée), il félicite chaudement son lieutenant et sa compagnie d'Alréens de leur bravoure et de leur savoir-faire.

Mais si à l'est les troupes de secours étaient arrêtées, il n'en était pas ainsi à l'ouest : voici en effet ce que quelques

(1) *Arch. départ.*, L. 546.

jours après, le 20 juillet, le District de Loudéac écrivait à celui de Pontivy (1) :

A une demi lieue près (de Josselin) le convoi, que nous avions envoyé pour escorter des grains sut que les brigands attaquaient cette ville et l'aperçurent en feu. En y arrivant, l'ennemi était occupé au pillage. Notre détachement le prit par derrière, le débusqúa des maisons et des jardins, le força d'abandonner une partie des effets qu'il avait pillés et le chassa de la ville. Pendant ce temps notre convoi y rentra et pénétra sur la place. Notre détachement poursuivit l'ennemi dans une lande, en tua plusieurs, mais les autres ayant gagné une hauteur firent volte-face et se mirent en bataille. Ils s'aperçurent de la faiblesse de notre détachement qui n'était composé que de 80 hommes et envoyèrent contre eux 400 tirailleurs. Les prenant pour l'avant-garde d'une colonne notre détachement se replia en se battant sur la ville et l'ennemi n'osa les poursuivre.

La lutte était terminée, il était six heures du soir. Les Chouans engagés sur la route de Ploërmel rejoignent le gros de leur troupe dans la direction du nord et tous ensemble disparaissent derrière la forêt de Lanouée. La nuit suivante ils campaient à Mohon et à Bodieu.

On peut maintenant, en résumant cette affaire, qui fut plus longue que sanglante, en avoir une idée très exacte. La ville est tournée par le pont de Saint-Gobrien ; escarmouche à Saint-Jean-des-Prés, attaque des deux portes de Saint-Nicolas et de Saint-Martin ; les Chouans pénètrent dans la cité, mais ne peuvent forcer le château. Les secours arrivent de Ploërmel et de Loudéac ; les chouans évacuent Josselin, arrêtent les troupes venant de Ploërmel et cèdent devant celles qui arrivent de Loudéac. Il y a de leur part un retour offensif, puis c'est enfin la retraite définitive dans la direction de la Trinité et des Côtes-du-Nord.

(1) Lettre du District de Loudéac au District de Portivy. 2 Thermidor III. — *Arch. départ.*, L. 281.

* * *

Il nous reste maintenant à essayer de fixer quelques détails qui par leur précision achèveront de donner une idée plus exacte sur cet épisode de l'histoire de l'Armée rouge ?

1°. Quel était bien exactement le nombre des Chouans qui la composaient ? Faut-il s'en rapporter au récit du déserteur Jurassien qui le fixe à 8000, à celui des administrateurs qui dans leurs rapports adoptent ce chiffre (1), ou bien à celui de Rohu qui affirme positivement qu'ils n'étaient que 3000 ? Je crois que la vérité est plus près de ce dernier chiffre. En effet, à leur départ de Quiberon les Chouans n'étaient que 3500 ; ils se grossirent entre l'Hermitage et Josselin de quelques jeunes de la division de Guillemot, qui, retenu par une blessure, ne prit part lui-même à aucun des événements ; et, si comme quelques auteurs le disent, mais sans que je puisse le contrôler, les soldats de de Silz s'étaient unis à eux à Callac, l'Armée rouge pouvait le 16 juillet compter de 4000 à 4500 hommes. C'est ce dernier chiffre que le District de Loudéac admet dans sa lettre du 2 thermidor au District de Pontivy (2).

2°. Le Procureur-syndic de Josselin Le Blay constate, le 1er thermidor, que les Chouans de Bignan ne sont arrivés qu'après l'affaire et sont repartis ensuite (3). Ceci n'implique pas absolument contradiction avec ce que dit Rohu ; et une partie de la division de Guillemot avait bien pu rejoindre l'Armée rouge avant le combat et l'autre partie arriver trop tard.

3°. Est-ce qu'il y avait des prêtres dans les rangs royalistes ? Oui, j'en pourrai au moins citer deux : d'abord, l'aumônier de la division d'Allègre, qui, suivant ce que dit Guillevic dans ses Mémoires, jouissait d'un grand crédit sur les hommes et réussit à remettre un peu d'ordre dans la retraite sur Mohon ; ensuite Jean Toussaint Hamery, chapelain du Bois-du-Gué

(1) *Arch. départ.*, L. 278. — Lettre de la municipalité de Josselin au Département, le 6 Thermidor III.

(2) *Ibidem*, L. 281.

(3) *Ibidem*, L. 1158.

en Saint-Servan, que le District de Josselin, dans une lettre au département du 24 vendémiaire IV, affirme avoir été vu parmi les Chouans, au bois de Bazy. dans leur descente vers Saint-Gobrien (1). Il conviendrait pourtant de se défier de ce dernier renseignement concernant un homme que l'administration josselinaise détestait, et qu'elle poursuivit de sa haine jusque sur l'échafaud, où il mourut le 22 mars 1796, à Vannes.

4°. Combien y eut-il de morts et de blessés dans le siège du 16 juillet ? Il est facile de l'établir, car les documents le précisent. Les Bleus perdirent un garde national, Josse, et 5 militaires ; ils eurent 15 hommes grièvement blessés et plusieurs autres qui le furent moins (2) et peut-être par leurs propres fusils, puisque, paraît-il, ils éclataient dans leurs mains (3). Les Chouans laissèrent sur place huit des leurs, et ils emmenèrent avec eux leurs blessés, sept charretées (4), que, de Mohon le lendemain, ils dirigèrent vers Bignan où on les soigna dans des hôpitaux improvisés au château de Kerguéhennec et dans les bois de Kervéno (5). Je ne connais que le nom d'un blessé : il s'appelait Girou et était Josselinais (6). On a bien écrit que d'Amphernet de Pontbellanger avait aussi reçu une blessure (7), mais cette affirmation est controuvée, et ce n'est pas de cette blessure-là que Pontbellanger est mort : sa femme lui en fit d'autres, et les Bleus l'achevèrent plus tard.

Naturellement on célébra la victoire comme il convenait. La municipalité de Ploërmel réquisitionna en l'honneur du bataillon d'Ille et-Vilaine vainqueur, des quantités de litres de cidre que d'ailleurs elle ne paya pas (8). L'administration du Département s'empressa d'écrire lettres sur lettres au Dis-

(1) *Arch. départ.* 1153.
(2) *Ibidem*, L. 1158. *Lettre au département.*
(3) *Ibidem*, L. 258.
(4) *Ibidem*, L. 281.
(5) *Ibidem*, L. 284. Lettre de Le Bare, proc.-syndic de Portivy au Départ 19 fructidor III.
(6) *Ibidem*, L. 1158.
(7) *Ibidem*, M. Haute Police, 18.
(8) *Ibidem*, L. 546. Réclamation d'un aubergiste de Ploërmel, Guillaume Le Ménézo, 27 pluviôse IV.

trict de Josselin pour féliciter les citoyens et la garnison de leurs « prodiges de valeur » et leur annoncer que la Convention nationale en serait instruite : « il est malheureux, disait « elle, dans sa lettre du 1er août qu'il y ait eu des victimes et « qu'il s'en soit suivi de grandes pertes ; mais le terme de pa- « reils désastres approche. La victoire de Quiberon entraine « avec elle la ruine du parti ; et bientôt, il faut l'espérer, la « douce paix et le bonheur viendront remplacer nos angoisses « et nous jouirons enfin du fruit de tant de sacrifices (1) ».

6° Comme consolation, c'était maigre. Mais les administrateurs de Josselin n'entendaient pas se contenter de cette rhétorique mélangée de larmes, et ils s'empressèrent de nommer les deux citoyens Le Tertre et Gambert pour étudier les dommages causés par l'ennemi en vue des indemnités à répartir plus tard Ces deux citoyens s'allouèrent la somme de 300 livres par jour, ce qui pour 76 journées de travail représentait un total de 22 800 livres (2). On ne peut pas dire que c'était pour rien : mais il faut se rappeler que les administrateurs payaient en assignats et que les assignats étaient complètement discrédités.

Au reste les victimes ne firent pas faute de leur adresser leurs réclamations, et elles étaient plutôt salées, à tel point qu'il fallut rabattre leurs prétentions et diminuer les chiffres.

Un nommé Mesnil (3) réclamait 28 510 livres : 200 # pour une culotte en velours ; 1400 pour douze chemises et 2000 pour une montre d'argent. Il est vrai qu'elle était « à la mode » Un autre citoyen, du nom de Moisan du faubourg Saint-Nicolas, demandait 40 843 livres et il n'oubliait pas dans ses supputations une « carotte de tabac » et trois livres de poivre qu'il faisait payer 150 livres.

Cela prouve que la livre de poudre variait de prix suivant les quartiers de la ville, car une femme Jeanne Harouet, pour la même quantité, ne voulait pas se contenter à moins de 262 livres.

Le citoyen Lack, gendarme, habitait la maison des ci-devant

(1) *Arch. départ.*, L. 278. — Deux lettres du 5 et du 14 thermidor III.
(2) *Ibidem*, L. 1168.
(3) *Ibidem*, L. 1168.

Carmes, dont il partageait la jouissance avec quelques soldats ses anciens compagnons d'armes. Or les Chouans n'avaient pas manqué de tout piller chez ce citoyen Lack dont le nom n'était pas inconnu à plusieurs d'entre eux, et il estima les suites de ces dévastations à 29573 livres : deux chapeaux du brave gendarme lui avaient coûté 200 livres !

Mais le gros morceau fut réclamé par l'officier municipal Louis-Marie Boussart, « fermier d'une partie des bâtiments nationaux et jardin de la ci-devant communauté des Ursulines : « Les Chouans, disait-il dans ses plaintes (1), se sont « emparés de ma maison située à une demie-portée de fusil « d'une des portes de la ville, l'ont pillée, y ont mis le feu... « Il est de notoriété que mon mobilier valait au moins « 200.000 livres, sans y comprendre 150 louis en or et 7300 livres en assignats. »

Le maire de Josselin, Claude Munier, son locataire, s'unit à lui pour appuyer ses dires et exciter la commisération sur leurs communs malheurs : « Oubliant tout intérêt personnel, « dit-il, en parlant de lui-même, je volai partout où le danger « était. Ayant été surpris je n'ai eu le temps de sauver ni « hardes, ni papiers. »

J'ignore si l'Administration supérieure tint compte de ses réclamations et jusqu'à quel point elle jugea à propos d'indemniser ; mais il faut avouer qu'on lui forçait un peu ses notes, sans doute parce qu'on suspectait son bon vouloir.

Le 28 juillet, Tinténiac était tué à Coëtlogon.

J. LE FALHER.

(3) *Archives départ.*, L. 1168.

Vannes. — Imprimerie LAFOLYE FRÈRES.

www.ingramcontent.com/pod-product-compliance
Lightning Source LLC
LaVergne TN
LVHW010412240826
846091LV00020B/3649

* 9 7 8 2 0 1 9 9 3 0 8 5 1 *